Impressum
Verlag: BABADADA GmbH, Nedderfeld 112 , 22529 Hamburg
Geschäftsführer / Verlagsleitung: Harald Hof
Druck: Books on Demand GmbH, In de Tarpen 42, 22848 Norderstedt

Imprint
Publisher: BABADADA GmbH, Nedderfeld 112 , 22529 Hamburg, Germany
Managing Director / Publishing direction: Harald Hof
Print: Books on Demand GmbH, In de Tarpen 42, 22848 Norderstedt

salle de classe
បន្ទប់រៀន

diviser
ចែក

186/2

tableau noir
ក្ដារ

cour (de récréation)
ទីធ្លាសាលារៀន

professeur
គ្រូបង្រៀន

papier
ក្រដាស

écrire
សរសេរ

stylo
ប៊ិក

bureau
តុការិយាល័យ

règle
បន្ទាត់

livre
សរៀវភៅ

élève
កូនសិស្ស

cartable
សម្ភារៀតសុបកៃ

trousse
ប្ររអប់ដាក់ខ្មៅដៃ

crayon
ខ្មៅដៃ

taille-crayon
ប្ររដាប់ខ្លងខ្មៅដៃ

gomme
ជ័រលុប

carnet à dessin
ផ្ទាំងគំនូរ

dessin

តំនូរ

pinceau

ជក់គូរ

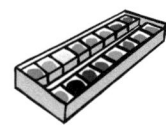

boîte de peinture

ប្រអប់ថ្នាំលាប

ciseaux

កន្ត្រៃ

colle

ការបិទ

cahier d'exercices

សៀវភៅលំហាត់

devoirs

កិច្ចការផ្ទះ

chiffre

លេខ

additionner

បូក

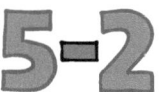

soustraire

ដក

multiplier

គុណ

calculer

គណនា

lettre

លិខិត

alphabet

អក្ខរក្រម

hello

mot

ពាក្យ

texte

អត្ថបទ

lire

អាន

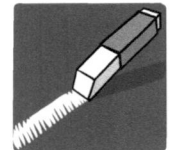

craie

ដីស

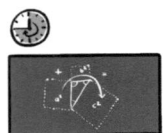

leçon

មេរៀន

livre de classe

ចុះឈ្មោះ

examen

ការប្រឡង

certificat

វិញ្ញាបនបត្រ

uniforme scolaire

ឯកសណ្ឋានសាលា

formation

ការអប់រំ

lexique

សព្ទវិចនាធិប្បាយ

université

សាកលវិទ្យាល័យ

microscope

មីក្រូទស្សន៍

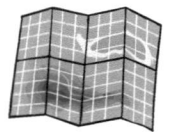

carte

ផែនទី

corbeille à papier

កន្ត្រករដាក់សំរាមក្រដាស

hôtel
សណ្ឋាគារ

Grand

auberge
សណ្ឋាគារកុមង

bureau de change
ការិយាល័យប្តូរប្រាក់

EXCHANGE

valise
វ៉ាលី

voiture
រថយន្ត

langue
ភាសា

oui / non
ហាទ / ទេ

d'accord
យល់ព្រម

Salut
សាយ៉ុនតសួស្តី!

interprète
អ្នកបកប្រែ

merci
សូមអរគុណ

Combien coûte...?

ចុលប៉ុន្មាន... ?

Je ne comprends pas

ខ្ញុំមិនយល់

problème

បញ្ហា

Bonsoir !

ទិវាសួស្តី!

Bonjour !

អរុណសួស្តី

Bonne nuit !

រាត្រីសួស្តី!

Au revoir

លាហើយ

direction

ទិសដៅ

bagages

អីវ៉ាន់

sac

កាបូប

sac-à-dos

កាបូបស្ពាយក្រោយ

hôte

ភ្ញៀវ

pièce

បន្ទប់

sac de couchage

ថង់ដេក

tente

តង់

office de tourisme
ព័ត៌មានទេសចរណ៍

plage
ឆ្នេរ

carte de crédit
កាតឥណទាន

petit-déjeuner
អាហារពេលព្រឹក

déjeuner
អាហារថ្ងៃត្រង់

dîner
អាហារពេលល្ងាច

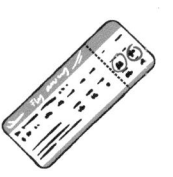

billet
សំបុត្រ

ascenseur
ជណ្ដើរយន្ត

timbre
តម្រា

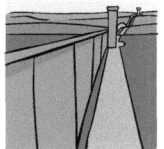

frontière
ព្រំដែន

douane
គយ

ambassade
ស្ថានទូត

visa
ទិដ្ឋាការ

passeport
លិខិតឆ្លងដែន

transport
ការដឹកជញ្ជូន

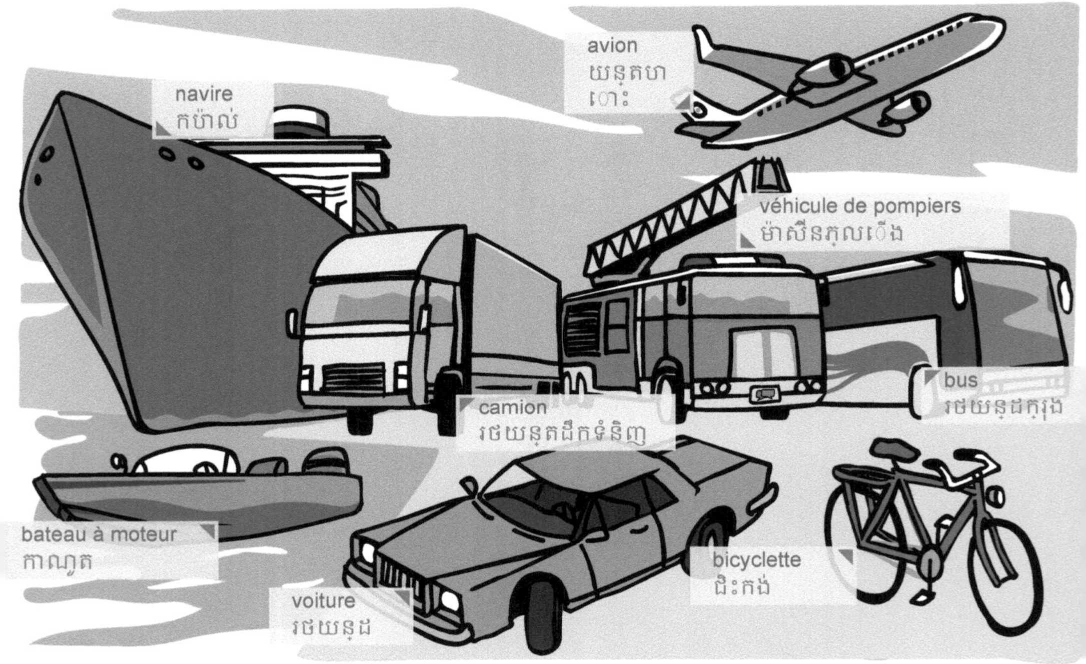
avion
យន្តហោះ
navire
កប៉ាល់
véhicule de pompiers
ម៉ាសីនភ្លើង
camion
រថយន្តដឹកទំនិញ
bus
រថយន្តក្រុង
bateau à moteur
កាណូត
voiture
រថយន្ត
bicyclette
ជិះកង់

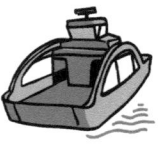

ferry

សាឡាង

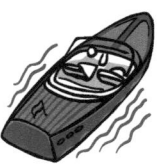

barque

ទូក

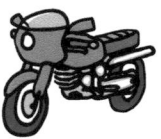

moto

ម៉ូតូ

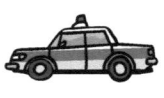

voiture de police

រថយន្តប៉ូលិស

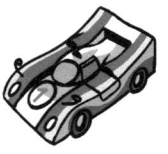

voiture de course

រថយន្តប្រណាំង

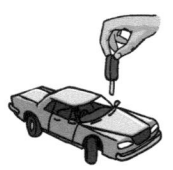

voiture de location

រថយន្តជួល

auto-partage

ការចែករំលែករថយន្ត

voiture de remorquage

ឡានសូទូច

benne à ordures

ឡានបរមូលសំរាម

moteur

ម៉ូតូ

essence

បូរេងឥន្ធនៈ

station d'essence

ស្ថានីយបូរេង

panneau indicateur

ស្លាកសញ្ញាចរាចរណ៍

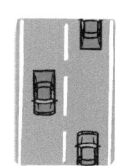

trafic

ការធ្វេរចចរាចរណ៍

embouteillage

កកស្ទះចរាចរណ៍

parking

ចំណត

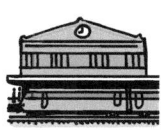

gare

ស្ថានីយរថភ្លេីង

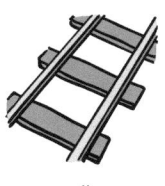

rails

ផ្លូវរដិកៃ

train

រថភ្លេីង

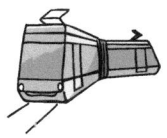

tramway

រថអគ្គីសនី

wagon

ទូរថភ្លេីង

transport - ការដឹកជញ្ជូន   9

hélicoptère

ឧទ្ធម្ភាគចក្រ

aéroport

ពុរលានយន្តហោះ

tour

ប៉ម

passager

អ្នកដំណើរ

conteneur

កុងតឺន័រ

carton

ករដាសកាតុង

chariot

រទេះ

corbeille

កញ្ចប់

décoller / atterrir

ហោះឡ្យេង / ចុះ

ville
ទីក្រុង

village

ភូមិ

centre-ville

កណ្ដាលទីក្រុង

maison

ផ្ទះ

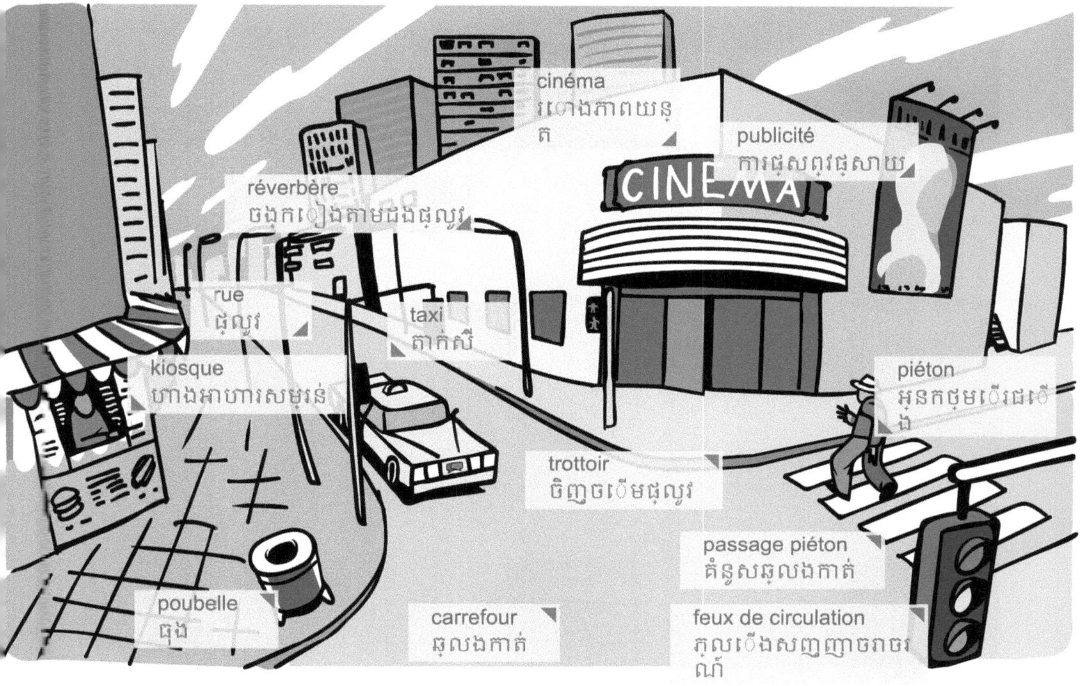

cinéma រោងភាពយន្ត

publicité ការផ្សព្វផ្សាយ

réverbère ចង្កៀងតាមដងផ្លូវ

rue ផ្លូវ

taxi តាក់ស៊ី

CINEMA

kiosque ហាងអាហារសមរន

piéton អ្នកថ្មើរើជើង

trottoir ចិញ្ចើមផ្លូវ

passage piéton គន្លងសម្រាប់ឆ្លងកាត់

poubelle ធុង

carrefour ផ្លូងកាត់

feux de circulation កុលើងសញ្ញាចរាចរណ៍

cabane

ខ្ទម

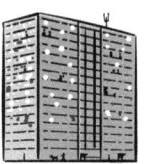

appartement

ផ្ទះល្វែង

gare

ស្ថានីយ៍រថភ្លើង

mairie

សាលាក្រុង

musée

សារមន្ទីរ

école

សាលារៀន

université

សាកលវិទ្យាល័យ

banque

ធនាគារ

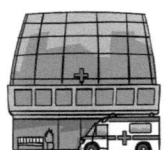

hôpital

មន្ទីរពេទ្យ

hôtel

សណ្ឋាគារ

pharmacie

ឱសថស្ថាន

bureau

ការិយាល័យ

librairie

ហាងលក់សៀវភៅ

magasin

ហាង

fleuriste

ហាងផ្កា

supermarché

ផ្សារទំនើប

marché

ទីផ្សារ

grand magasin

ហាងទំនិញ

poissonnerie

ហាងលក់ត្រី

centre commercial

មជ្ឈមណ្ឌលផ្សារទំនើប

port

កំពង់ផែ

parc

ឧទ្យាន

banque

បង្គ់

pont

ស្ពាន

escaliers

ជណ្តើរ

métro

ផ្លូវក្រោមដី

tunnel

ផ្លូវរូងក្រោមដី

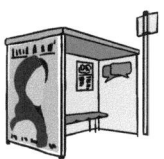

arrêt de bus

ចំណតរថយន្តក្នុង

bar

បារ

restaurant

ភោជនីយដ្ឋាន

boîte à lettres

ប្រអប់សំបុត្រ

panneau indicateur

សញ្ញាតាមដងផ្លូវ

parcmètre

ឧបករណ៍ប្រមូលចូលថ៍ចំណត

zoo

សួនសត្វ

piscine

អាងហាលែទឹក

mosquée

វិហារអ៊ីស្លាម

ferme

កសិដ្ឋាន

pollution

ការបំពុល

cimetière

 វាលកប់ខ្មោច

église

ព្រះវិហារ

aire de jeux

គុរ្យេ{ងរអិលកុមរេងលេង

temple

បុរសាទ

paysage
ទេសភាព

feuille
ស្លឹក

panneau indicateur
សញ្ញាបង្ហាញទិសដៅ

chemin
ផ្លូវ

pré
វាលស្មៅ

pierre
ដុំថ្ម

arbre
ដើមឈើ

randonneur
អ្នកឡេ{ងភ្នំ

rivière
ទន្លេ

herbe
ស្មៅ

fleur
ផ្កា

vallée

ជ្រលងភ្នំ

montagne

កូនភ្នំ

lac

បឹង

forêt

ព្រៃឈើ

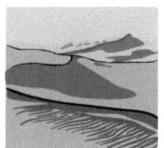

désert

វាលខ្សាច់

volcan

ភ្នំភ្លើង

château

តម្រោកុប្បី

arc-en-ciel

ឥន្ធនូ

champignon

ផ្សិត

palmier

ដើមត្នោត

moustique

មូស

mouche

រុយ

fourmis

ស្រមោច

abeille

សត្វឃ្មុំ

araignée

ពីងពាង

coléoptère

សត្វកញ្ចៅ

grenouille

កង្កែប

écureuil

កំប្រុក

hérisson

សត្វកាំប្រមា

lièvre

ទន្សាយស្លឹក

chouette

សត្វទីទុយ

oiseau

បក្សី

cygne

ហាងស

sanglier

ជ្រូក

cerf

សត្វក្តាន់

élan

សត្វក្តជាន់

barrage

ទំនប់

éolienne

កង្ហារខ្យល់

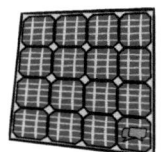

panneau solaire

បន្ទះស្វយ្យា

climat

អាកាសធាតុ

restaurant
ភោជនីយដ្ឋាន

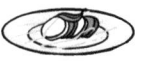

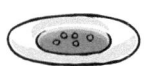

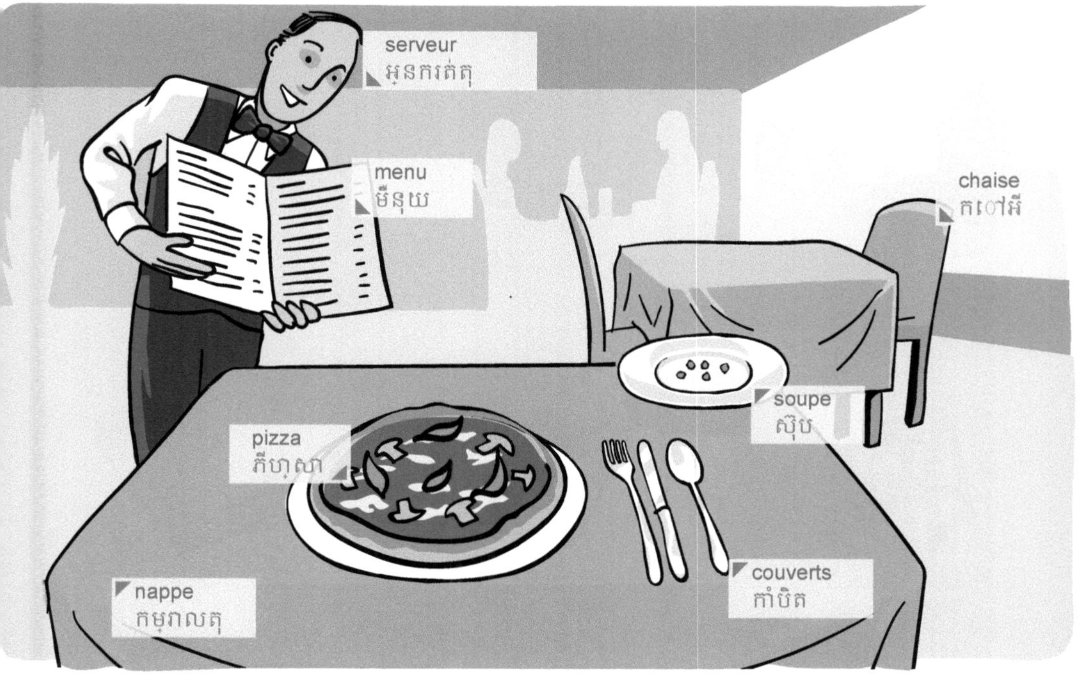

serveur
អ្នករត់តុ
menu
មីនុយ
chaise
កៅអី
soupe
ស៊ុប
pizza
ភីហ្សា
couverts
កាំបិត
nappe
កម្រាលតុ

hors d'œuvre

អាហារសម្រន់

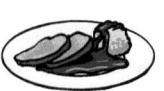

plat principal

អាហារសំខាន់

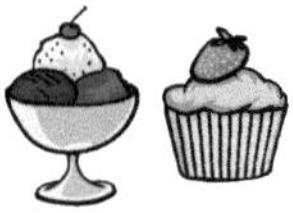

dessert

បង្អែម

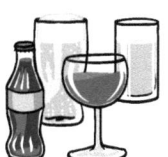

boissons

ភេសជ្ជៈ

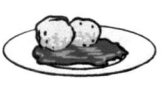

alimentation

អាហារ

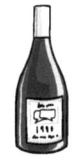

bouteille

ដប

fast-food
អាហារបម្រាស់

plats à emporter
អាហារតាមផ្លូវ

théière
ប៉ាន់តែ

sucrier
ប្អូរអប់ស្ករ

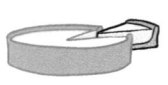

portion
ចំណែក

machine à expresso
ម៉ាស៊ីនតុងកាហ្វេអេស្ប្រេសូ

chaise haute
កៅអីខ្ពស់

facture
វិក្កយបត្រ

plateau
ថាស

couteau
កាំបិត

fourchette
សម

cuillère
ស្លាបព្រា

cuillère à thé
ស្លាបព្រាកាហ្វេ

serviette
កន្សែងជូតខ្លួន

verre
កែវ

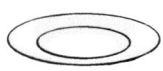

assiette

ចានទាប

assiette à soupe

ចានស៊ុប

soucoupe

ចានទូរនាប់

sauce

ទឹកជុរលក់

salière

ដបអំបិល

moulin à poivre

ឬដាប់កិនម្រេច

vinaigre

ទឹកខ្មេះ

huile

ឬរេង

épices

គ្រឿងទេស

ketchup

ទឹកប់ងប់ោះ

moutarde

ម៉ូតាក

mayonnaise

ទឹកមយ៉ោណេ

supermarché

ផ្សារទំនើប

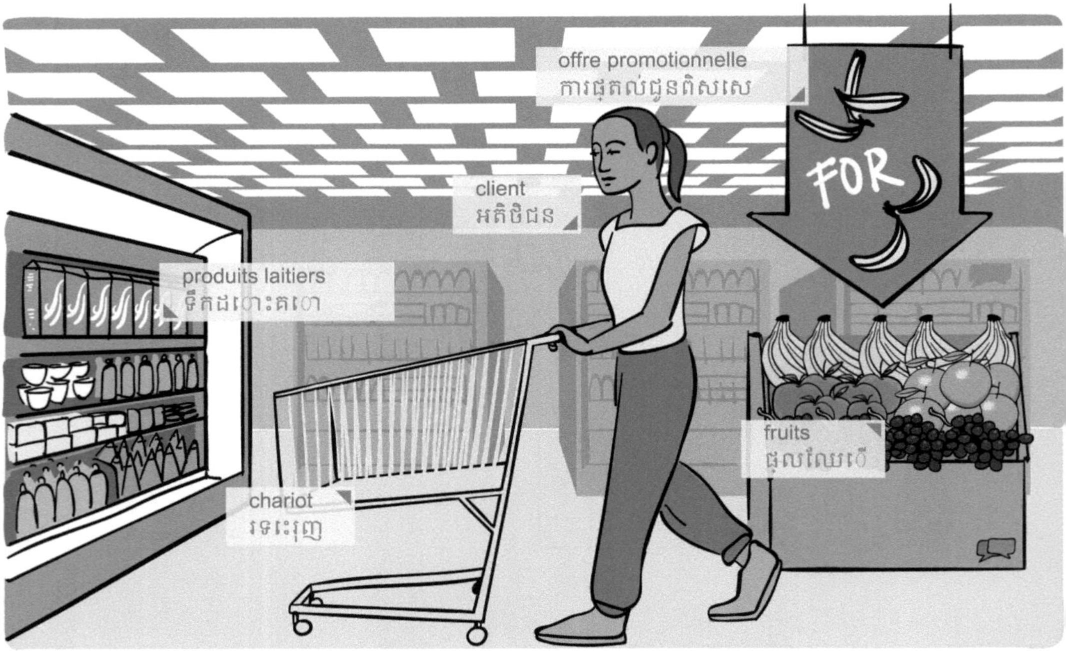

offre promotionnelle
ការផ្តល់ជូនពិសេស
FOR
client
អតិថិជន
produits laitiers
ទឹកដោះគោ
fruits
ផ្លែឈើ
chariot
រទេះរុញ

BUTCHERS

boucherie

ហាងកាប់ជ្រូក

BAKERY

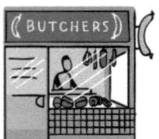

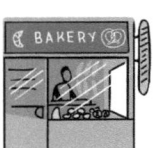

boulangerie

ហាងដុតនំ

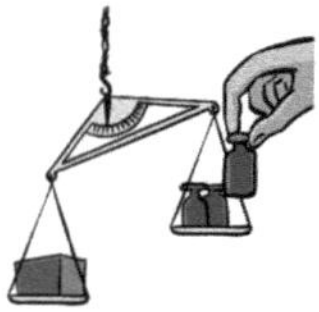

peser

ថ្លឹង

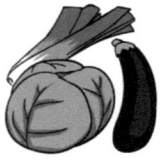

légumes

បន្លែ

viande

សាច់

aliments surgelés

អាហារក្កលាស្សេ

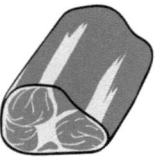

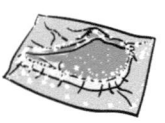

charcuterie

សាច់កុលាសរ

conserves

អាហារកំប៉ុង

poudre à lessive

មុសពេលាង

bonbons

សុអរគ្រាប់

articles ménagers

ផលិតផលក្នុងគ្រួសារ

détergents

ផលិតផលសម្អាត

vendeuse

អ្នកលក់

caisse

ថតដាក់លុយ

caissier

បេឡា

liste d'achats

បញ្ជីទិញទំនិញ

heures d'ouverture

ម៉ោងធ្វើការ

portefeuille

កាបូបលុយបុរស

carte de crédit

កាតឥណទាន

sac

ថង់

sac en plastique

ថង់បុលាស្ទិច

eau

ទឹក

jus de fruit

ទឹកផ្លែឈើ

lait

ទឹកដោះគោ

coca

កូកាកូឡា

vin

ស្រា

bière

ស្រាបៀរ

alcool

គ្រឿងស្រវឹង

chocolat chaud

កាកាវ

thé

តែ

café

កាហ្វេ

expresso

កាហ្វេអិចស្ព្រេស្សូ

cappuccino

កាហ្វេកាពូឈីណូ

banane

ចេក

pomme

ផ្លែប៉ោម

orange

ផ្លែក្រូច

melon

ឪឡឹក

citron

ក្រូចឆ្មា

carotte

ការ៉ុត

ail

ខ្ទឹម

bambou

ប្អូស្សី

oignon

ខ្ទឹមបារាំង

champignon

ផ្សិត

noisettes

គ្រាប់ផ្លែឈើ

pâtes

មី

spaghetti

ម៉ីអ៊ីតាលី

riz

បាយ

salade

សាឡាត់

pommes frites

ដំឡូងចៀន

pommes de terre rôties

ដំឡូងចៀន

pizza

ភីហ្សា

hamburger

បឺហ្គី

sandwich

សាំងវិច

escalope

សាច់ជាបន្ទះអឹងជំនី

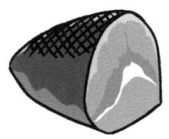

jambon

ហាំ

salami

សាឡាម៉ី

saucisse

សាច់ក្រក

poulet

សាច់មាន់

rôti

អាំង

poisson

ត្រី

flocons d'avoine

អាវ៉ែនបបរ

muesli

មុឃ្យសុលី

cornflakes

ជំឡ្ងចំណិត

farine

មុសរ៉ៅ

croissant

នំគ្រួសង់

petits-pains

នំប៉ុងមុយ៉ាងមូលតូចៗ

pain

នំប៉ុង

pain grillé

អាំង

biscuits

នំបិសុគី

beurre

បឺរ

le fromage blanc

ទឹកដោះខាប់

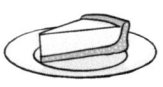

gâteau

នំខេក

œuf

ស៊ុត

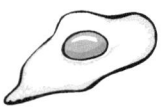

œuf au plat

ស៊ុតចៀន

fromage

ឈីស

glace

ការ៉េម

sucre

ស្ករ

miel

ទឹកឃ្មុំ

confiture

ដំណាប់

crème nougat

ក្រមៃតាំងម៉ៃ

curry

ការី

ferme
ផ្ទះក្នុងកសិដ្ឋាន

grange
ជង្រុក

botte de paille
ខ្សែចែងចម្បើងបប៉េង

champ
វាលស្រែ

cheval
សេះ

remorque
រថសណ្ដោង
ទាង

poulain
កូនសេះ

tracteur
តុបក់ទឹរ

âne
សត្វលា

agneau
កូនចៀម

mouton
សត្វចៀម

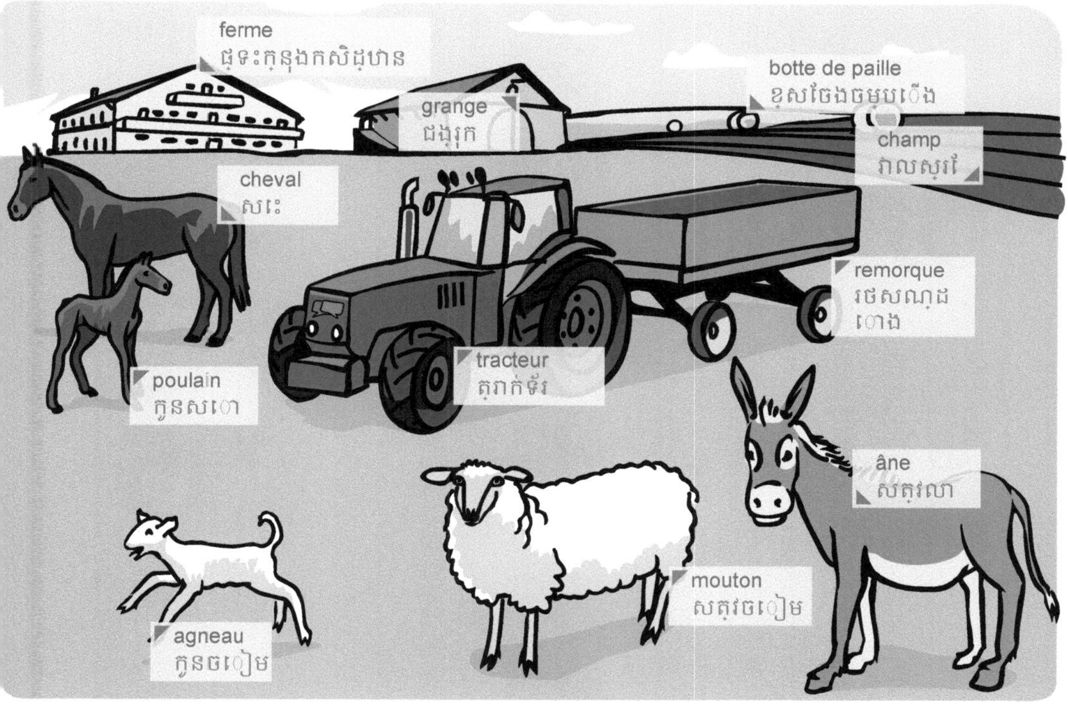

chèvre
ពពែ

vache
គោញី

veau
កូនគោ

porc
ជ្រូក

porcelet
កូនជ្រូក

taureau
គោឈ្មោល

oie

សត្វក្ងាន

canard

ទា

poussin

កូនមាន់

poule

មមោន់

coq

មាន់ឈ្មោល

rat

កណ្តុរ

chat

ឆ្មា

souris

កណ្តុរប៉ុម្រេះ

bœuf

គោឈ្មោល

chien

ឆ្កែ

chenil

ផ្ទះឆ្កែ

tuyau de jardin

ទុយោទឹក

arrosoir

ធុងស្រោចទឹក

faucheuse

ខ្វែបក

charrue

នង្គ័ល

faucille

កណ្ដៀវ

pioche

ចបកាប់

fourche

រនាស់

hache

ពូថៅ

brouette

រទេះរុញ

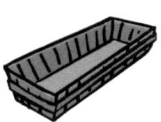

cuve

សុន្ធុក

pot à lait

កំប៉ុងទឹកដោះគោ

sac

ហាវ

clôture

របង

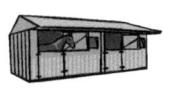

étable

កូរពោល

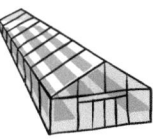

serre

ផ្ទះកញ្ចក់

sol

ដី

semences

គ្រាប់ពូជ

engrais

ជី

moissonneuse-batteuse

ម៉ាស៊ីនបូរមូលផល

récolter

បុរមូលផល

récolte

ការបុរមូលផល

igname

ដំឡូងជួក

blé

ស្រូវសាលី

soja

សណ្ដែកសេ‌ៀង

pomme de terre

ដំឡូងជួក

maïs

ពេ‌ាត

colza

គុរាប់ប្ុរ‌េងរ៉ៃ

arbre fruitier

ដ‌េ‌ើមឈ‌ើ‌ហ្‌ាបផ្លរ‌ៃ

manioc

ដំឡូងម៉ី

céréales

ធញ្ញ‌ជាតិ

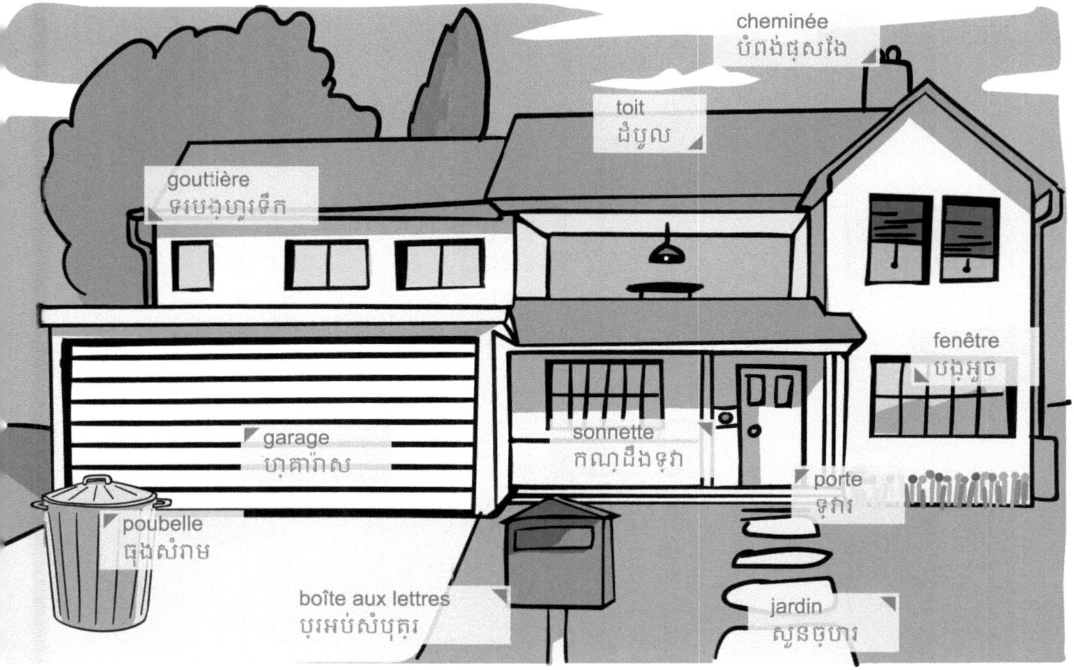

cheminée
បំពង់ផ្សែង

toit
ដំបូល

gouttière
ទរបង្ហូរទឹក

fenêtre
បង្អួច

garage
ហ្គារ៉ាស

sonnette
កណ្ដឹងទ្វារ

porte
ទ្វារ

poubelle
ធុងសំរាម

boîte aux lettres
ប្រអប់សំបុត្រ

jardin
សួនច្បារ

salon
បន្ទប់ទទួលភ្ញៀវ

salle de bain
បន្ទប់ទឹក

cuisine
ផ្ទះបាយ

chambre à coucher
បន្ទប់គេង

chambre d'enfant
បន្ទប់របស់កុមារ

salle à manger
បន្ទប់ទទួលទានអាហារ

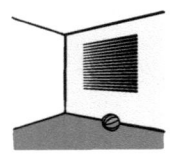

sol

ជាន់

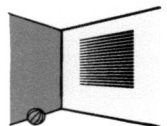

mur

ជញ្ជាំង

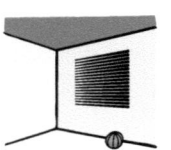

plafond

ពិដាន

cave

បន្ទប់កុរោមដី

sauna

ស្ងួណា

balcon

យ៉័រ

terrasse

ផ្ទវៃបសុ្មវៃនៅជមុរាល
ភ្នំ

piscine

អាងហាលែទឹក

tondeuse à gazon

ម៉ាស៊ីនកាត់ស្មៅ

housse

សន្លឹក

couette

កម្រាលគូរដៃកេ

lit

គ្រវៃ

balai

អំបៃោស

sceau

ធុង

interrupteur

កុងតាក់

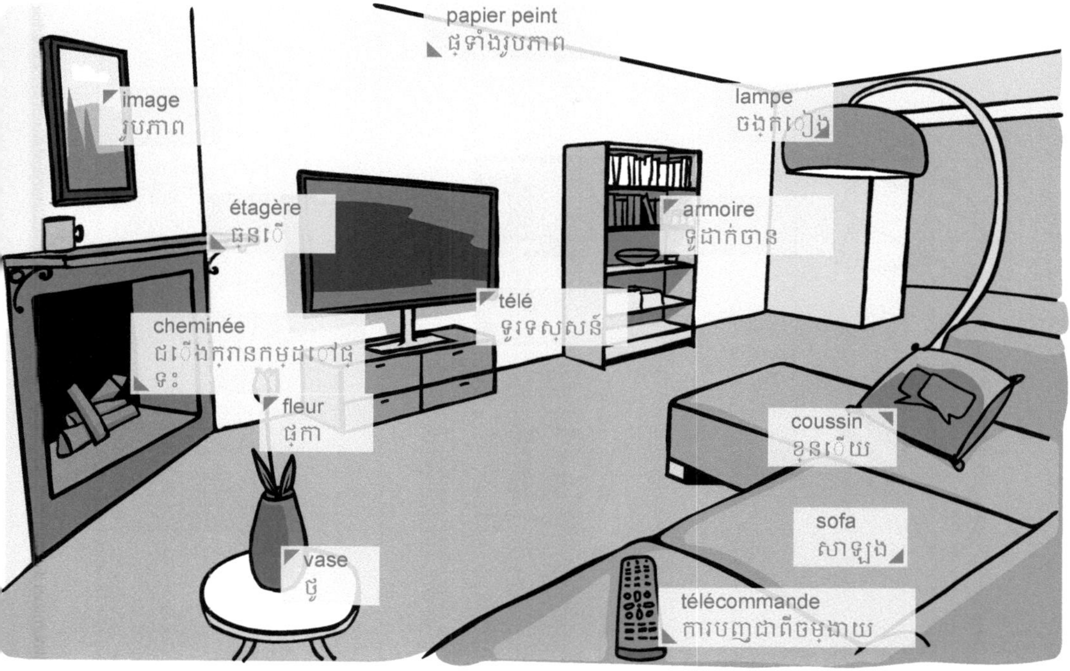

papier peint
ផ្ទាំងរូបភាព

image
រូបភាព

lampe
ចង្កៀងរៀង

étagère
ធ្នើរ

armoire
ទូដាក់ចាន

cheminée
ជញ្ជាំងក្បួនកម្ដៅចេញផ្ទះ

télé
ទូរទស្សន៍

fleur
ផ្កា

coussin
ខ្នើយរៀង

vase
ថូ

sofa
សាឡុង

télécommande
ការបញ្ជាពីចម្ងាយ

tapis
កម្រាលព្រំ

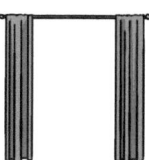

rideau
វាំងនន

table
តុ

chaise
កៅអី

chaise à bascule
កៅអីយោលបបែក

fauteuil
កៅអីក្នុងនាក់ដៃ

livre

សៀវភៅ

couverture

ភួយ

décoration

ការតុបតែង

bois de chauffage

អុសដុត

film

ខុសវិភាពយន្ត

chaîne hi-fi

ឧបករណ៍ Hi-Fi

clé

កូនសោ

journal

កាសែត

peinture

គំនូរ

poster

ផ្ទាំងរូបភាព

radio

វិទ្យុ

bloc-notes

ណូតផ្គេ

aspirateur

ម៉ាស៊ីនបូមធូលី

cactus

ដំបងយក្ស

bougie

ទៀន

salon - បន្ទប់ទទួលភ្ញៀវៀវ

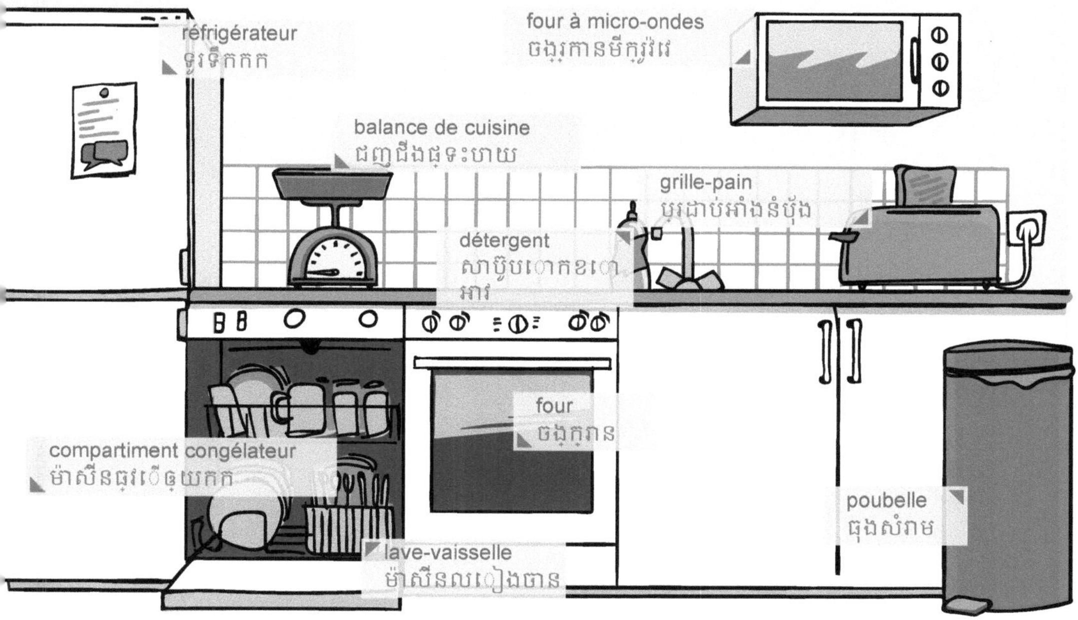

réfrigérateur
ទូរទឹកកក

four à micro-ondes
ចង្ក្រានម៉ីក្រូវ៉េវ

balance de cuisine
ជញ្ជីងផ្ទះបាយ

grille-pain
ឧបរដាប់អាំងនំបុ័ង

détergent
សាប៊ូបោកខោអាវ

four
ចង្ក្រាន

compartiment congélateur
ម៉ាស៊ីនធ្វើទឹកកក

poubelle
ធុងសំរាម

lave-vaisselle
ម៉ាស៊ីនលាងចាន

four
ចង្ក្រាន

casserole
ឆ្នាំង

marmite
ឆ្នាំងដៃកែ

wok / kadai
ខ្ទះ / ខ្ទះពណ្ឌខា

poêle
ខ្ទះ

bouilloire electrique
កំសៀរ

cuiseur vapeur

ឆ្នាំងចំហុយ

plaque de cuisson

ចានដុតនំ

vaisselle

គ្រឿងចានឆ្នាំងដី

gobelet

ថ្វ

coupe

ចានតោម

baguettes

ចង្កឹះ

louche

វែកសមុល

spatule

វែកគ្រូ

fouet

ប្រដាប់វាយក្រូឡ្បក

passoire

តម្រង

tamis

កន្ត្រង

râpe

ប្រដាប់កោសដូង

mortier

ត្បាល់

barbecue

ការអាំងសាច់

cheminée

ចង្ក្រានចំហា

planche à découper

ដៃវៀញ

rouleau à pâtisserie

ប្រដាប់កិនម្សៅ

tire-bouchon

ប្រដាប់មួរបើកឆ្នុកស្រា

boîte

កំប៉ុង

ouvre-boîte

ប្រដាប់បើកកំប៉ុង

maniques

ក្រណាត់ទ្រាប់គ្នានៅង

lavabo

កន្លែងលាងចាន

brosse

ជក់

éponge

អប៉ុង

mixeur

ម៉ាស៊ីនកួរទ្បៀក

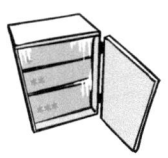

congélateur

ទូទឹកកកខ្មៅនាគត្ថូច

biberon

ដបទឹកដោះគោ

robinet

រ៉ូប៊ីណេ

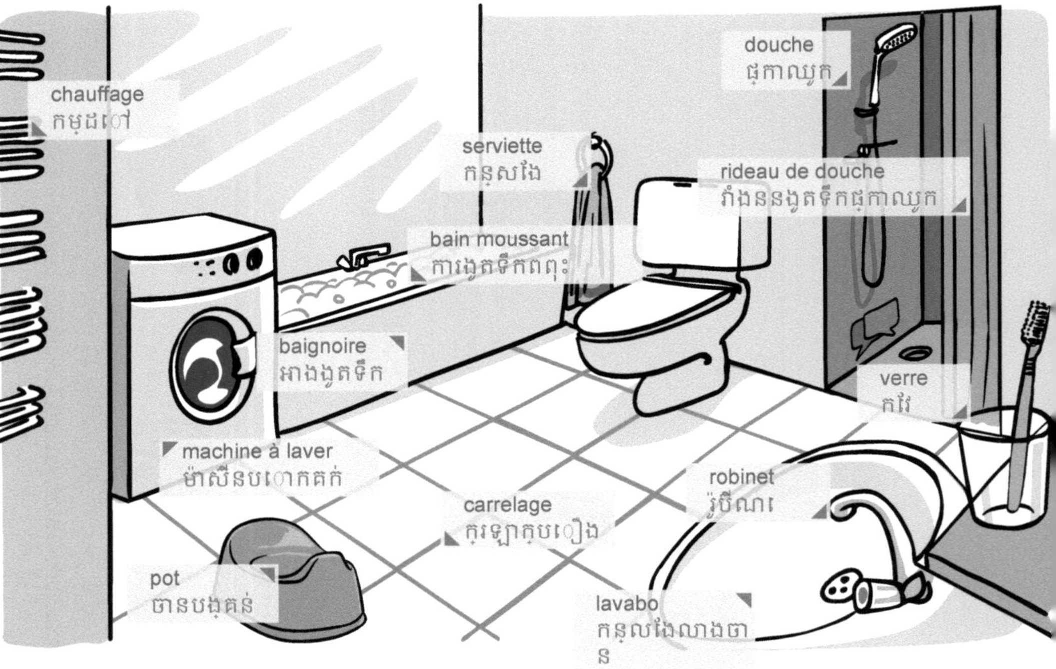

chauffage
កម្ដៅផ្ទៃ

douche
ផ្កាឈូក

serviette
កន្សែង

rideau de douche
វាំងននង្គុតទឹកផ្កាឈូក

bain moussant
ការងូតទឹកពពុះ

baignoire
អាងងូតទឹក

verre
កែវ

machine à laver
ម៉ាស៊ីនបោកគក់

carrelage
ក្រឡាក្រាលបន្ទប់

robinet
រ៉ូប៊ីណេ

pot
ចានបង្គន់

lavabo
កន្លែងលាងចាន

toilettes
បង្គន់

toilette à la turque
បង្គន់អង្គុយ

bidet
ជម្រះមុខរេកាយ

urinoir
កុណ្ឌទឹកនោម

papier toilette
ក្រដាសបង្គន់

brosse à toilette
ច្រាសដុសបង្គន់ន

brosse à dents

ច្រាសដុសធ្មេញ

dentifrice

ថ្នាំដុសធ្មេញ

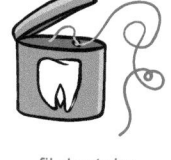

fil dentaire

ខ្សែទោក់សម្អាតធ្មេញ

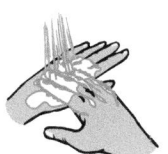

laver

លាង

douche manuelle

បុរដោប់ដាក់ដៃផ្ងកាឈ្លួក

douche intime

ទឹកថ្នាំសម្រាប់ហាញ់លាង

vasque

អាង

brosse dorsale

ច្រាសដុសខ្នង

savon

សាប៊ូ

gel douche

ជែលសម្រាប់ងួតទឹកផ្ងកាឈ្លួ
ក

shampooing

សាប៊ូ

gant de toilette

សកុលាត

écoulement

បំពង់បង្ហូរទឹក

crème

ក្រែម

déodorant

ថ្នាំបំបាត់ក្លិនអាក្រក់

miroir

កញ្ចក់

miroir cosmétique

កញ្ចក់ដៃ

rasoir

បរដាប់កកោរ

mousse à raser

ហ្វូមកកោរពុកមាត់

après-rasage

ទឹកលាងក្រោយកកោរពុកម
ាត់រួច

peigne

ក្រាស

brosse

ជក់

sèche-cheveux

បរដាប់សមុងួតសក់

laque pour cheveux

សូព្រាយហាញ់សក់

fond de teint

ការតុបតែងមុខ

rouge à lèvres

ក្រមែលាបមាត់

vernis à ongles

ថ្នាំលាបក្រចក

ouate

រោមកប្បាស

coupe-ongles

កន្ត្រៃកាត់ក្រចក

parfum

ទឹកអប់

trousse de toilette

កាបូបបរោកគគក់

tabouret

លាមក

pèse-personne

ជញ្ជីងថ្លឹងទម្ងន់

peignoir

អាវពាក់ងូតទឹក

gants de nettoyage

ស្រោមដៃកោស្រី

tampon

ឈ្នុក

serviettes hygiénicues

កន្សែងអនាម័យ

toilette chimique

បង្គន់គីមី

chambre d'enfant
បន្ទប់របស់កុមារ

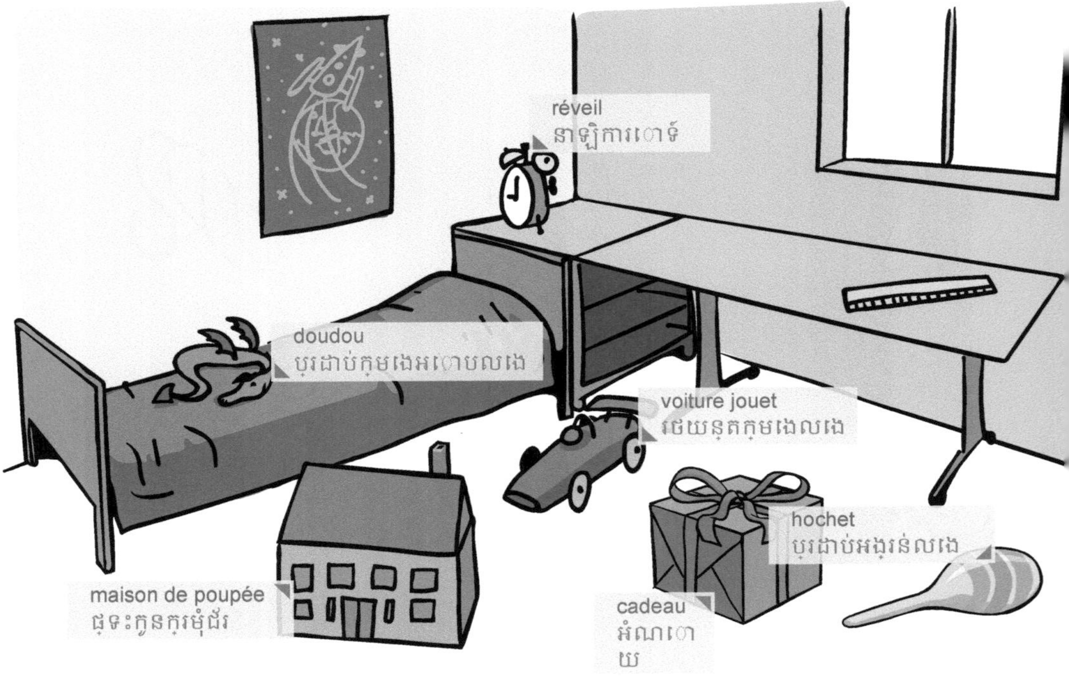
réveil
នាឡិការោទ៍
doudou
ប្រដាប់ក្មេងអោបលេង
voiture jouet
រថយន្តក្មេងលេង
hochet
ប្រដាប់អង្រន់លេង
maison de poupée
ផ្ទះកូនក្រមុំជ័រ
cadeau
អំណោយ

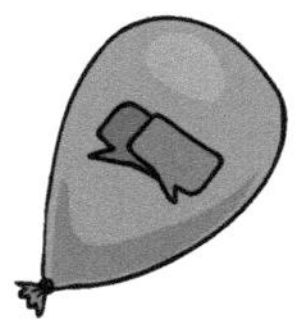

ballon

ប៉េងប៉ោង

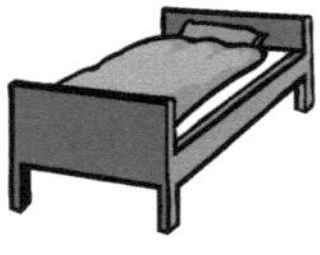

lit

គ្រែ

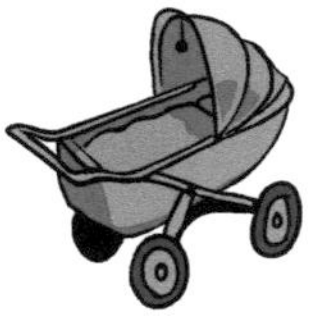

poussette

រទេះរុញទារក

jeu de cartes

ហ៊ូបៀ

puzzle

រូបផ្គុំ

SUPER
MEGA

bande dessinée

កំប្លែង

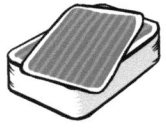

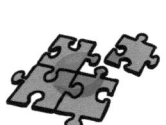

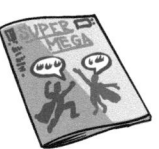

pièces lego

ផ្ដុំ Lego

blocs de construction

បុ្លកប្ញដោប់កុមឯលឯ

figurine

គ្ឃលខេសកម្មភាព

grenouillère

ខោអាវទារក

frisbee

ការគប់ចាស

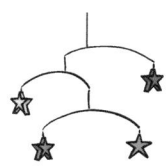

mobile

ទូរស័ព្ទដៃ

jeu de société

ក្ដារលួបឯ

dé

គ្ញាប់ឡ្ញកឡ្ញាក់

train miniature

ឈុតរថភ្លលើឯគំរូ

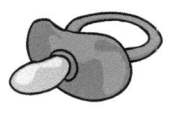

sucette

រូបសំណាក

fête

គណាបកុស

livre d'images

សៀវភៅរូបភាព

balle

ហាល់

poupée

កូនក្ញម៉ុំតុក្កកតា

jouer

លឯ

bac à sable

រណ្ដៅទៅខ្សាច់

balançoire

ទោង

jouets

បុរដោប់ក្មេងលេង

console de jeu

កុងសូលវីដេអូហ្គេម

tricycle

គ្រឿចក្ររយានយន្ត

ours en peluche

តុក្កតាខ្លាឃ្មុំ

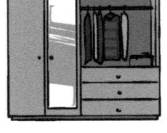

armoire

ទូខោអាវ

vêtements
សម្ភារៈសម្លៀកបំពាក់

chaussettes

ស្រោមជើង

bas

ស្រោមជើងវែង

collant

ខោទ្រនាប់នារី

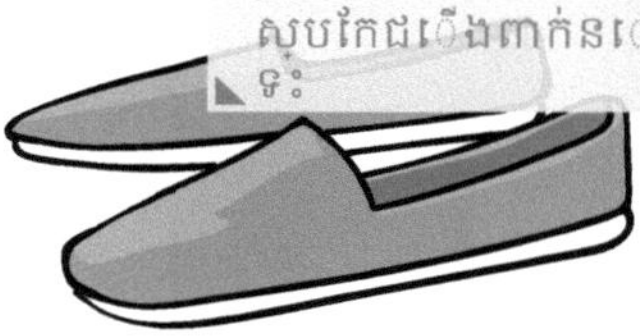

écharpe
កូរម៉ា

ceinture
ខ្សែក្រវាត់

parapluie
ឆត្រ

t-shirt
អាវយឺត

bottes
ស្បែកជើងឈើករវែង

baskets
ស្បែកជើងប៉ាតា

pantoufles
ស្បែកជើងពាក់នៅទ្ធៈ

sandales

ស្បែកជើងសង្រែក

chaussures

ស្បែកជើង

bottes de caoutchouc

ស្បែកជើងករវែងកៅស៊ូ

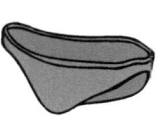

sous-vêtements

ខោទ្រនាប់បុរស

soutien-gorge

អាវទ្រនាប់

maillot de corps

អាវកាក់

body

រាងកាយ

pantalon

ខោពារដៃ

jean

ខោខូវប៊ីយ

jupe

សំពត់

chemisier

អាវកុរពៅ

chemise

អាវ

pull

អាវយឺត

sweat à capuche

អាវយឺត

veste

អាវធំ

veste

អាវកុរពៅ

manteau

អាវធំ

imperméable

អាវភ្លៀងៀង

costume

គុរលៀងតដៃ

robe

អាវរដៃ

robe de mariée

សំលរៀកបំពាក់អាពាហ៍ពិពា
ហ៍

costume

ខោអាវឈុត

chemise de nuit

រូបរាគ្នី

pyjama

ឈុតគេង

sari

សារី

foulard

កន្សែងផ្គតក្បាល

turban

ឆ្នួត

burqa

សួបមែខ

caftan

kaftan

abaya

abaya

maillot de bain

ឈុតហាលែទឹក

maillot de bain

ខោខលី

short

ខោខលី

tenue d'entraînement

ឈុតហាត់កីឡា

tablier

អាវអេប្រៀម

gants

សួរហោមដៃ

bouton

ឬ៊ុរអារ

lunettes

វ៉ែនតា

bracelet

ខ្សដៃ

collier

ខ្សក

bague

ចិញ្ចេ្យ៉ន

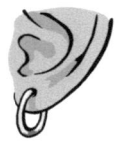

boucle d'oreille

កុវិល

bonnet

មួក

cintre

ឬដាប់ពួយអារកុរេទៅ

chapeau

មួក

cravate

កុវាត់ក

fermeture éclair

រូត

casque

មួកសុវត្ថិភាព

bretelles

ខ្សវី

uniforme scolaire

ឯកសណ្ឋានសាលា

uniforme

ឯកសណ្ឋាន

vêtements - សមុលេ្យ៉កបំពាក់

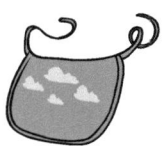

bavoir

អៀមទារក

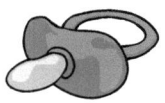

sucette

រូបសំណាក

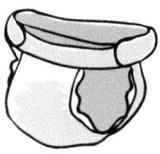

lange

ខោទឹកនោម

bureau
ការិយាល័យ

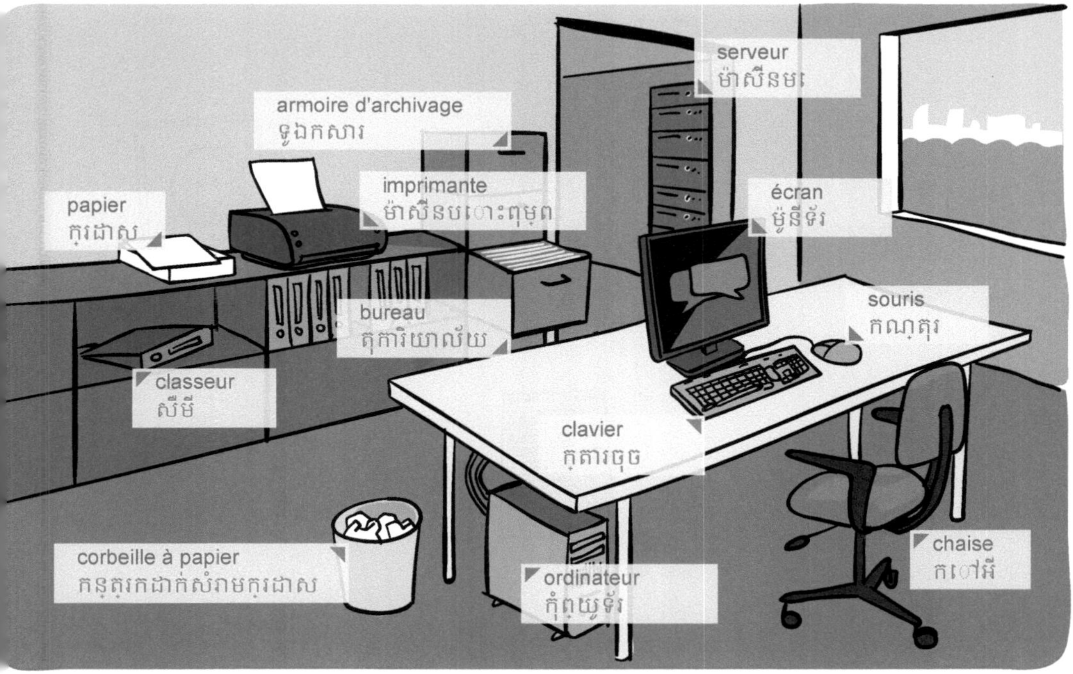

serveur
ម៉ាស៊ីនមេ
armoire d'archivage
ទូឯកសារ
imprimante
ម៉ាស៊ីនបោះពុម្ព
papier
ក្រដាស
écran
ម៉ូនីទ័រ
souris
កណ្ដុរ
bureau
តុការិយាល័យ
classeur
ស៊ីមី
clavier
ក្ដារចុច
corbeille à papier
កន្ត្រកដាក់សំរាមក្រដាស
ordinateur
កុំព្យូទ័រ
chaise
កៅអី

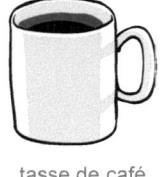

tasse de café

កែវកាហ្វេ

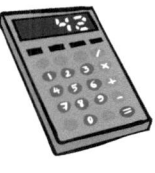

calculatrice

ម៉ាស៊ីនគិតលេខ

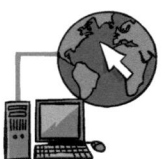

internet

អ៊ីនធឺណិត

ordinateur portable

កុំព្យូទ័រយួរដៃ

lettre

លិខិត

message

សារ

portable

ទូរស័ព្ទដៃ

réseau

បណ្តាញ

photocopieuse

ម៉ាស៊ីនថតចម្លង

logiciel

សូហ្វវែរ

téléphone

ទូរស័ព្ទ

prise

រន្ធដោតភ្លើង

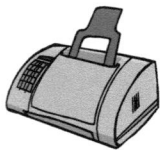

fax

ម៉ាស៊ីនទូរសារ

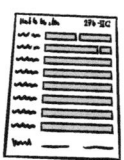

formulaire

ទម្រង់បែបបទ

document

ឯកសារ

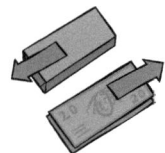

acheter

ទិញ

payer

បង់ប្រាក់

faire du commerce

ធ្វើពាណិជ្ជកម្ម

monnaie

លុយ

dollar

ប្រាក់ដុល្លារ

euro

ប្រាក់អឺរ៉ូ

yen

ប្រាក់យ៉េន

rouble

ប្រាក់រូបិល

franc suisse

ហ្វ្រង់ស្វីស

renminbi yuan

ប្រាក់យ៉ន

roupie

ប្រាក់រូពី

distributeur automatique

កន្លែងប្រើស្វ័យប្រវត្តិដើម្បីដកប្រាក់

bureau de change

ការិយាល័យបតូរបុរាក់

or

មាស

argent

ប្រាក់

pétrole

ប្រេង

énergie

ថាមពល

prix

តម្លៃ

contrat

កិច្ចសន្យា

taxe

ពន្ធ

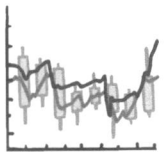

action

ភាគហ៊ុន

travailler

ធ្វើការ

employé

បុគ្គលិក

employeur

និយោជក

usine

រោងចក្រ

magasin

ហាង

économie - សេដ្ឋកិច្ច

agent de police
មន្ត្រីប៉ូលិស

pompier
អ្នកពន្លត់អគ្គិភ័យ

cuisinier
ចុងភៅ

médecin
វេជ្ជបណ្ឌិត

pilote
អ្នកបរ៍កយន្តហោះ

jardinier

អ្នកថែស្វែន

menuisier

ជាងឈើ

couturière

ជាងកាត់ដេរ

juge

ចៅក្រម

chimiste

គីមីវិទ្យ

acteur

តួកុន

conducteur de bus

អ្នកបើកឡានក្រុង

chauffeur de taxi

អ្នកបើកតាក់ស៊ី

pêcheur

អ្នកនេសាទ

femme de ménage

ស្ត្រីអ្នកសម្អាត

couvreur

ជាងដំបូល

serveur

អ្នករត់តុ

chasseur

អ្នកបរបាញ់សត្វ

peintre

វិចិត្រករ

boulanger

អ្នកដុតនំ

électricien

ជាងអគ្គីសនី

ouvrier

ជាងសំណង់

ingénieur

វិស្វករ

boucher

អ្នកកាប់សាច់

plombier

ជាងជួសជុលទុយោរទឹក

facteur

អ្នករត់សំបុត្រ

soldat

ទាហាន

architecte

ស្ថាបត្យករ

caissier

បង្គ្រា

fleuriste

អ្នកលក់ផ្កា

coiffeur

អ្នកអ៊ិតសក់

contrôleur

អ្នកយកលុយ

mécanicien

ជាងម៉ាស៊ីន

capitaine

កាពីទែន

dentiste

ពទ្យធ្មេញ

scientifique

អ្នកវិទ្យាសាស្ត្រ

rabbin

គ្រូបង្រៀនច្បាប់សញ្ញាជាតិ
ជ្វីហូរ

imam

លោកសង្ឃចាម

moine

ព្រះសង្ឃ

prêtre

បព្វជិត

outils
ឧបករណ៍

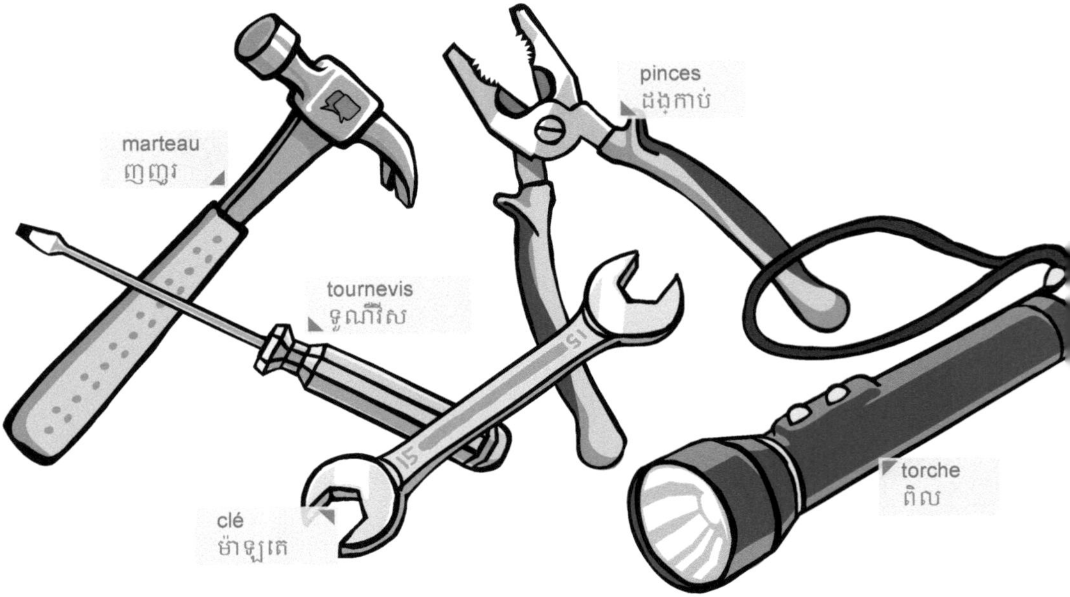

marteau
ញញួរ
pinces
ដង្កាប់
tournevis
ទួណឺវីស
clé
ម៉ាឡេត
torche
ពិល

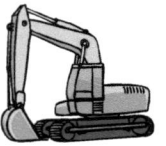

pelleteuse
ម៉ាស៊ីនជីក

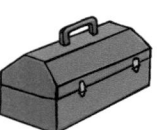

boîte à outils
ប្រអប់ឧបករណ៍

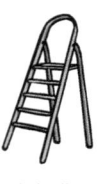

échelle
ជណ្តើរ

scie
រណារ

clous
ដែកគោល

perceuse
ប្រដាប់ស្វាន

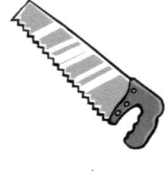

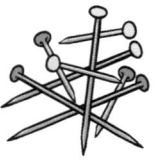

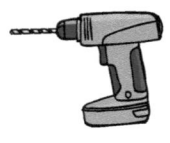

réparer

ជួសជុល

pelle

ប៉ែល

Mince !

ចង្រៃ!

pelle

បុរដាប់ច្រកធូលី

pot de peinture

ធុងថ្នាំពណ៌

vis

វីស

instruments de musique
ឧបករណ៍តន្ត្រី

haut-parleurs
ឧបករណ៍បំពងសំឡេង

batter e
ឈុតសុគរ

guitare
ហ្គីតា

contrebasse
ហាសពីរ

trompette
គ្រវី

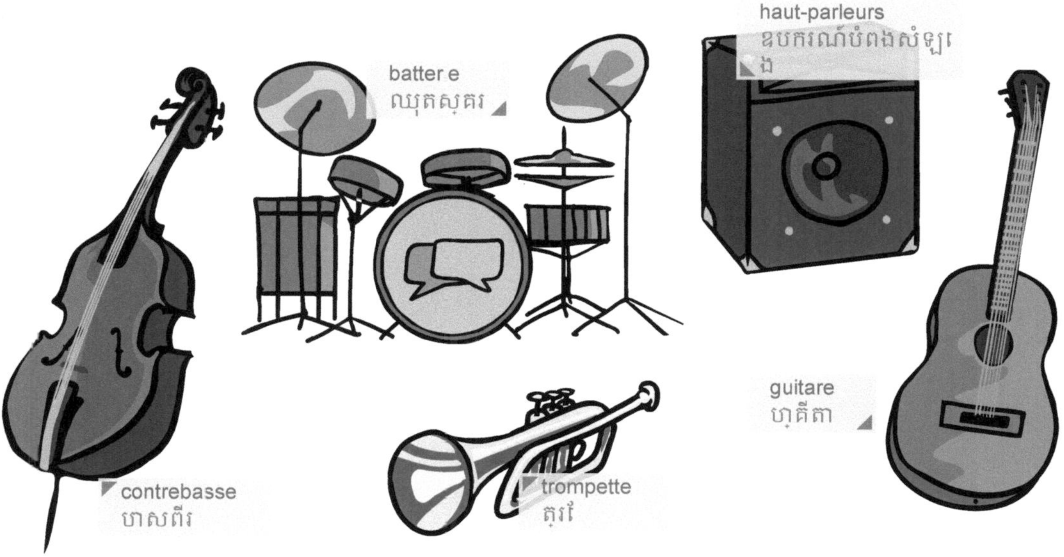

piano

ពុយាណូ

violon

វីយ៉ូឡុង

basse

បាស

timbales

សុគរពាសសុបតែមុយ៉ាង

tambour

សុគរ

piano électrique

យ៉ឺបគ

saxophone

សាក់ស្វហ្វូន

flûte

ខ្លុយ

microphone

ម៉ៃក្រូហ្វូន

tigre
សត្វខ្លា

entrée
ច្រកចូល

cage
ទ្រុង

zèbre
សេះបង្កង់

alimentation animale
ការខ្ជិយចំណីសត្វ

panda
ខ្លាឃ្មុំផេនដា

animaux
សត្វ

éléphant
សត្វដំរី

kangourou
សត្វកង់ហ្គារូ

rhinocéros
សត្វរមាស

gorille
សត្វស្វាហ្គូរីឡ្លា

ours
ខ្លាឃ្មុំពណ៌ត្នោត

chameau

សត្វអូដ្ឋ

autruche

សត្វអូទ្រីស

lion

សត្វតោ

singe

ស្វា

flamand rose

សត្វករពៀល

perroquet

សកែ

ours polaire

ខ្លាឃ្មុំតំបន់ប៉ូល

pingouin

ផេនយ៉ូវីន

requin

ត្រីឆ្លាម

paon

ក្ងោក

serpent

សត្វពស់

crocodile

ក្រពើ

gardien de zoo

អ្នករក្សាសួនសត្វ

phoque

ផ្សោតទឹក

jaguar

ខ្លារខិនមួយ៉ាង

poney

កូនសេះ

léopard

ខ្លារខិន

hippopotame

សត្វដំរីទឹក

girafe

សត្វករវែង

aigle

ឥន្ទ្រី

sanglier

ជ្រូក

poisson

ត្រី

tortue

អណ្តើកឆ្កែ

morse

លោមមច្ឆា

renard

កញ្ជ្រោងរោង

gazelle

ក្ដាន់

american Football
កីឡាបាល់ទាត់អាមេរិក

cyclisme
ការបុរណ៉ាំងកង់

tennis
កីឡាថ្នីស

basket-ball
កីឡាបាល់បោះ

natation
កីឡាហែលទឹក

boxe
កីឡាប្រដាល់

hockey sur glace
កីឡាវាយកូនមាល់លើទឹកកក

football
កីឡាបាល់ទាត់

badminton
កីឡាវាយសី

athlétisme
អត្តពលកម្ម

handball
កីឡាបាល់កាន់

ski
ការជិះស្គី

polo
ប៉ូឡូ

activités
សកម្មភាពនានា

sauter
លោត
embrasser
ឱប
rire
សើច
marcher
ដើរ
chanter
ច្រៀង
rêver
សុបិន្ត
prier
អធិស្ឋាន
faire la bise
ថើប

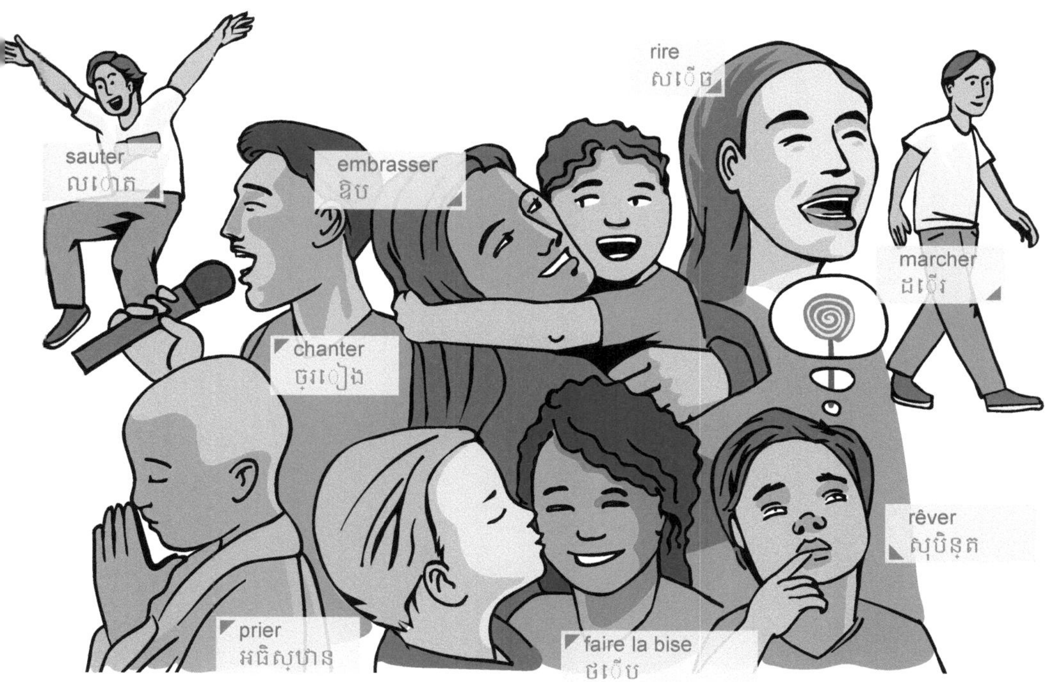

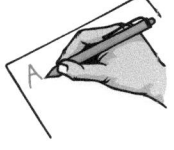

écrire
សរសេរ

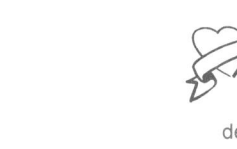

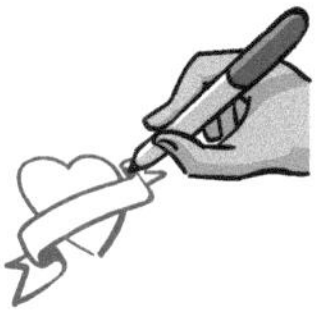

dessiner
គូរ

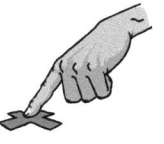

montrer
បង្ហាញ

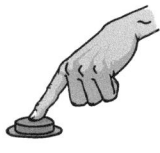

pousser
រុញ

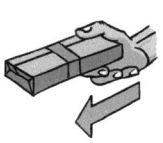

donner
ឲ្យ

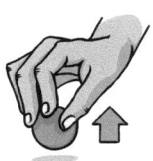

prendre
យក

avoir

មាន

faire

ធ្វើ

être

គឺ

être debout

ឈរ

courir

រត់

trier

ទាញ

jeter

បោះ

tomber

ធ្លាក់

être couché

កុហាក

attendre

រង់ចាំ

porter

យួរ

être assis

អង្គុយ

s'habiller

សួលៀកពាក់

dormir

ដេក

se réveiller

ភ្ញាក់ឡ្បើង

regarder

មើល

pleurer

យំ

caresser

តួសវាស

peigner

សិតសក់

parler

និយាយ

comprendre

យល់

demander

សួរ

écouter

ស្ដាប់

boire

ផឹក

manger

បរិភោគ

ranger

សម្អាត

aimer

សុរលាញ់

cuire

ចម្អិន

conduire

បើកបរ

voler

ហោះ

faire de la voile

ជិះកាណូត

calculer

គណនា

lire

អាន

apprendre

រៀន

travailler

ធ្វើការ

se marier

រៀបការ

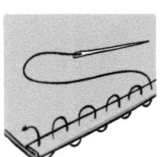

coudre

ដេរ

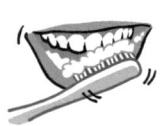

brosser les dents

ដុសធ្មេញ

tuer

សម្លាប់

fumer

ជក់

envoyer

ផ្ញើ

grand-mère
ជីដូន

grand-père
ជីតា

père
ឪពុក

mère
ម្ដាយ

bébé
ទារក

fille
កូនស្រី

fils
កូនប្រុស

hôte

ភ្ញៀវ

tante

មីង

oncle

ពូ

frère

បងប្អូនប្រុស

sœur

បងប្អូនស្រី

corps
រាងកាយ

front
ថ្ងាស
œil
ភ្នែក
visage
មុខ
menton
ចង្កា
poitrine
សុដន់
doigt
ម្រាមដៃ
main
ដៃ
bras
ដៃ
épaule
ស្មា
jambe
ជើង

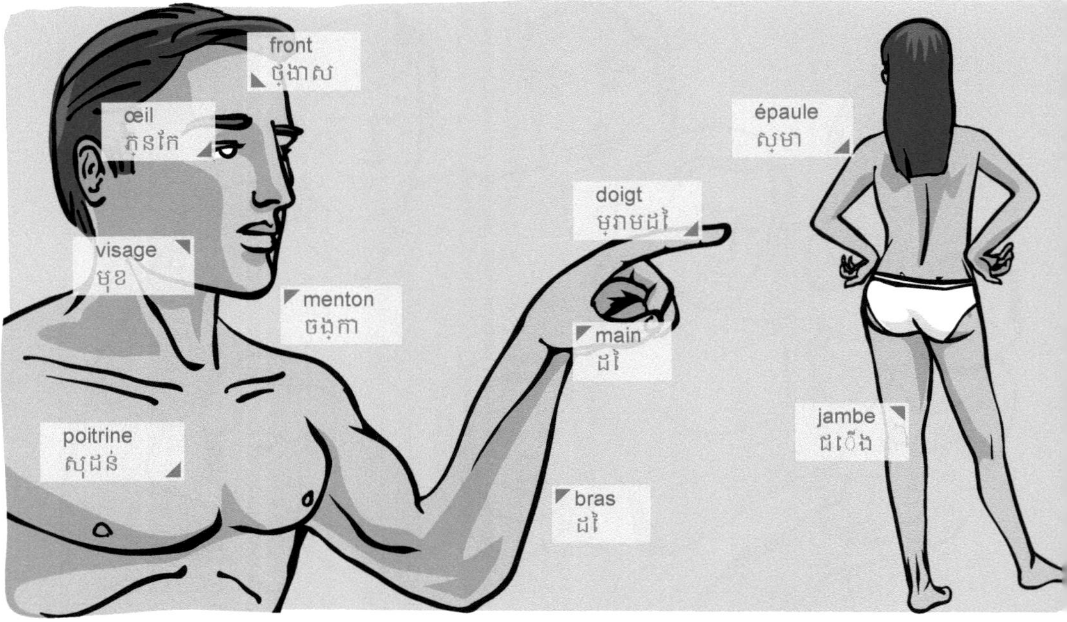

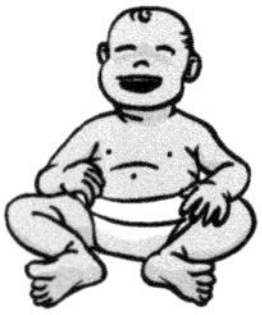

bébé
ទារក

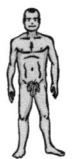

homme
បុរស

femme
ស្ត្រី

fille
ក្មេងស្រី

garçon
ក្មេងប្រុស

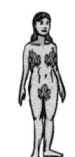

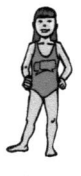

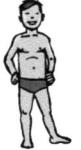

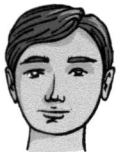

tête
ក្បាល

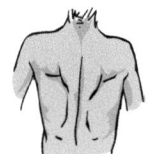

dos

ខ្នង

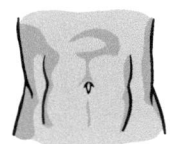

ventre

ពោះ

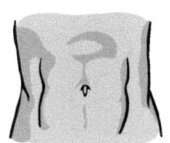

nombril

ផ្ចិត

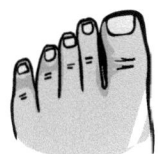

orteil

ម្រាមជេីង

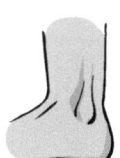

talon

កែងជេីង

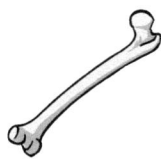

os

ឆ្អឹង

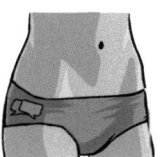

hanche

គ្រោតាក

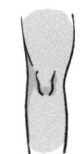

genou

ជង្គង់

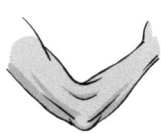

coude

កែងដៃ

nez

ច្រមុះ

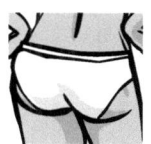

fesses

គូទ

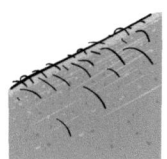

peau

ស្បែក

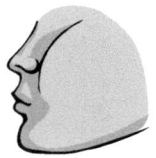

joue

ថ្ពាល់

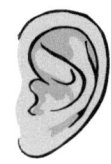

oreille

ត្រចៀក

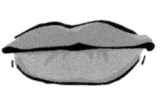

lèvre

បបូរមាត់

bouche

មាត់

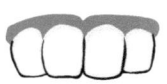

dent

ធ្មេញ

langue

អណ្ដាត

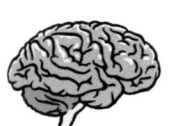

cerveau

ខួរក្បាល

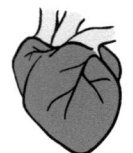

cœur

បេះដូង

muscle

សាច់ដុំ

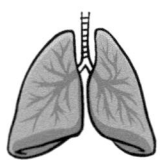

poumons

សួត

foie

ថ្លើម

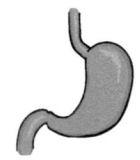

estomac

ក្រពះ

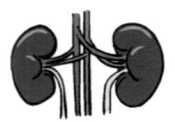

reins

តម្រងនោម

rapport sexuel

ការរួមភេទ

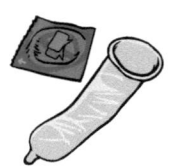

préservatif

ស្រោមអនាម័យ

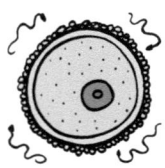

ovule

អូវុល

sperme

ទឹកកាម

grossesse

ការមានផ្ទៃពោះ

corps - រាងកាយ

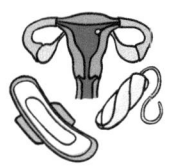

menstruation

មករដូវ

vagin

ទ្វារមាស

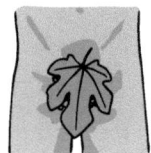

pénis

លិង្គ

sourcil

ចិញ្ចើម

cheveux

សក់

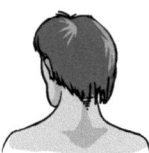

cou

ក

hôpital
មន្ទីរពេទ្យ

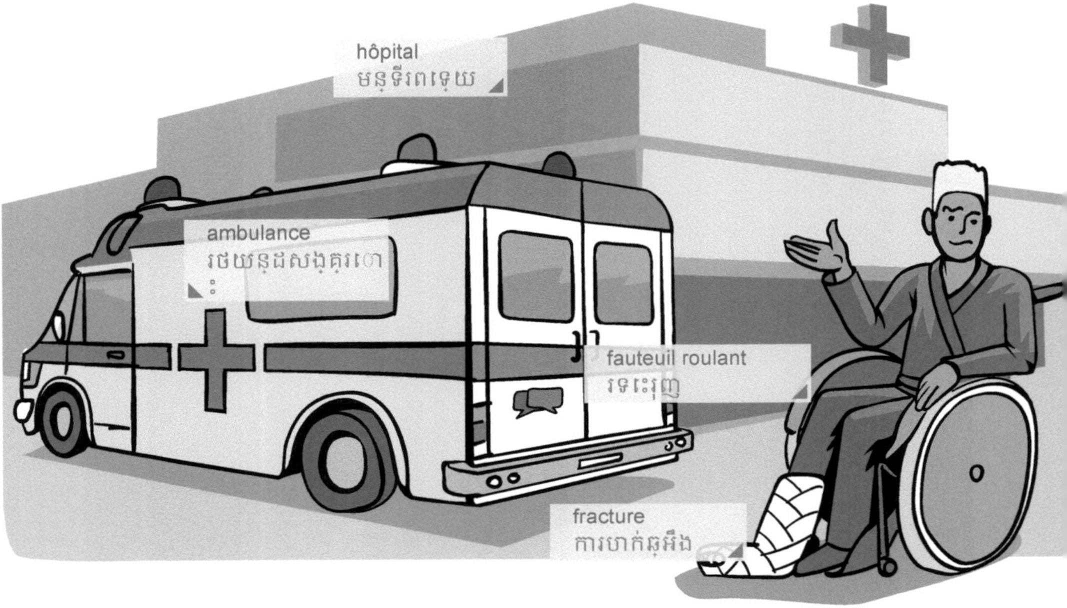

hôpital
មន្ទីរពេទ្យ
ambulance
រថយន្តសង្គ្រោះ
fauteuil roulant
រទេះរុញ
fracture
ការបាក់ឆ្អឹង

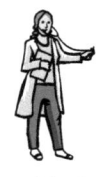

médecin
វេជ្ជបណ្ឌិត

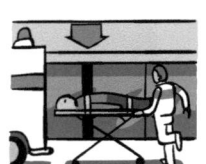

service des urgences
បន្ទប់សង្គ្រោះបន្ទាន់

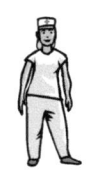

infirmière
គិលានុបដ្ឋាយិកា

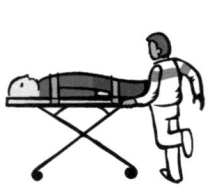

urgence
សង្គ្រោះបន្ទាន់

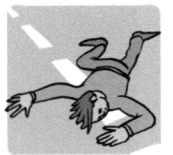

inconscient
សន្លប់

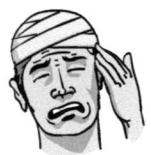

douleur
ការឈឺចាប់

blessure

ការរងរបួស

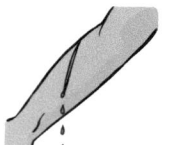

hémorragie

ការហូរឈាម

crise cardiaque

គាំងបេះដូង

attaque cérébrale

ជម្ងឺដាច់សរសៃឈាមក្នុង
ក្បាល

allergie

អាលែកហ្ស៊ី

toux

ក្អក

fièvre

ជំងឺគ្រុន

grippe

ជំងឺផ្តាសាយ

diarrhée

ជំងឺរាគរូស

mal de tête

ឈឺក្បាល

cancer

ជំងឺមហារីក

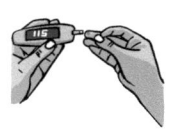

diabète

ជំងឺទឹកនោមផ្អែម

chirurgien

គ្រូពេទ្យវះកាត់

scalpel

កាំបិតវះកាត់

opération

បុរតិបត្តិការ

CT

CT

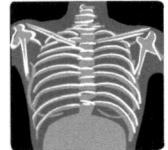

radiographie

ការស្កេនអ៊ិច

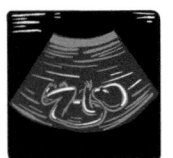

échographie

អេកូ

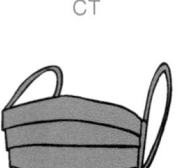

masque

របាំងមុខ

maladie

ជំងឺ

salle d'attente

បង់ចាំបន្ទប់

béquille

ឈរើចុគ្រត

pansement

មុនាងសិលា

pansement

បង់រុំ

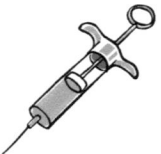

injection

ការចាក់ថ្នាំ

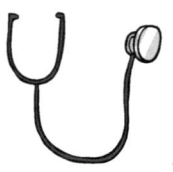

stéthoscope

ស្តេតូស្កុប

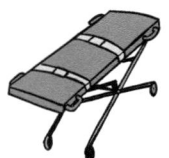

brancard

ស្នូនដែលរូស

thermomètre

ទែម៉ូម៉ែត្ររុយាហាល

accouchement

កំណើត

surcharge pondérale

លើសទម្ងន់

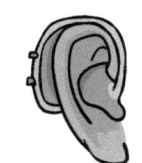

appareil auditif

ឧបករណ៍ជំនួយការស្ដាប់

désinfectant

សារធាតុសម្លាប់មេរោគ

infection

ការឆ្លងមេរោគ

virus

មេរោគ

VIH / sida

មេរោគអេដស៍ / ជំងឺអេដស៍

médicament

ថ្នាំពេទ្យ

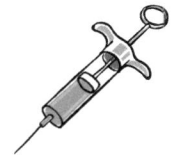

vaccination

ការចាក់ថ្នាំបង្ការ

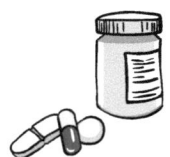

comprimés

ថ្នាំគ្រាប់

pilule

ថ្នាំគ្រាប់

appel d'urgence

ការហៅពេលអាសន្ន

tensiomètre

ឧបករណ៍ពិនិត្យសម្ពាធ
ឈាម

malade / sain

ឈឺ / មានសុខភាពល្អ

alarme

សំឡេងរោទ៍

assaut

ការវាយលុក

Au secours !

ជំនួយ!

attaque

ការវាយប្រហារ

danger

គ្រោះថ្នាក់

sortie de secours

ច្រកចេញគ្រោះអាសន្ន

Au feu!

អគ្គីភ័យ!

extincteur

បំពង់ពន្លត់អគ្គិភ័យ

accident

គ្រោះថ្នាក់

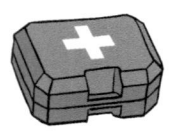

trousse de premier secours

ឧបករណ៍ជំនួយបឋម

SOS

SOS

police

ប៉ូលីស

Europe

អឺរុប

Amérique du Nord

អាមេរិកខាងជើង

Amérique du Sud

អាមេរិកខាងត្បូង

Afrique

អាហ្រ្វិក

Asie

អាស៊ី

Australie

អូស្រ្តាលី

Océan atlantique

អាត្លង់ទិច

Océan pacifique

ប៉ាស៊ីហ្វិក

Océan indien

មហាសមុទ្រឥណ្ឌា

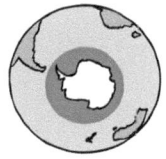

Océan antarctique

មហាសមុទ្រអង់តាក់ទិច

Océan arctique

មហាសមុទ្រអាកទិច

pôle nord

ប៉ូលខាងជើង

pôle sud
ប៉ូលខាងត្បូង

Antarctique
អង់តាកទិក

terre
ផែនដី

pays
ដីតពោក

mer
សមុទ្រ

île
កោះ

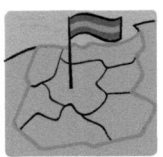

nation
បុរទេសជាតិ

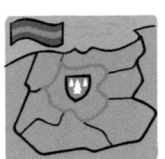

état
រដ្ឋ

cadran

មុខនាឡិកា

aiguille des heures

ទ្រនិចម៉ោង

aiguille des minutes

ទ្រនិចនាទី

aiguille des secondes

ទ្រនិចវិនាទី

Quelle heure est-il ?

ម៉ោងប៉ុន្មាន?

jour

ថ្ងៃ

temps

ពេលវេលា

maintenant

ឥឡូវនេះ

montre digitale

នាឡិកាឌីជីថល

minute

នាទី

heure

ម៉ោង

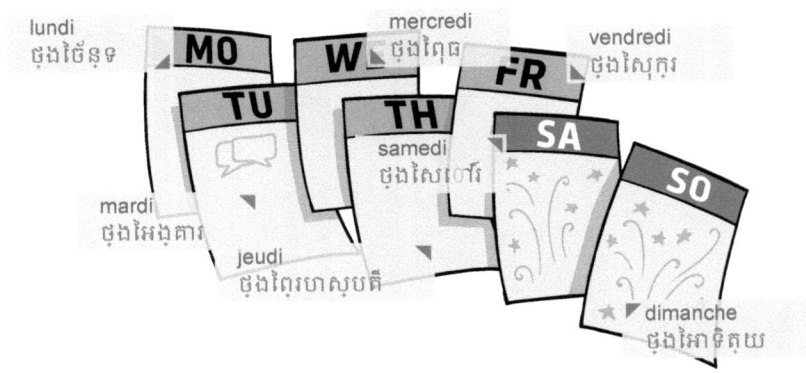

lundi ថ្ងៃចន្ទ
mardi ថ្ងៃអង្គារ
mercredi ថ្ងៃពុធ
jeudi ថ្ងៃព្រហស្បតិ៍
vendredi ថ្ងៃសុក្រ
samedi ថ្ងៃសៅរ៍
dimanche ថ្ងៃអាទិត្យ

hier
មុសិលមិញ

aujourd'hui
ថ្ងៃនេះ

demain
ថ្ងៃស្អែក

matin
ព្រឹក

midi
ថ្ងៃត្រង់

soir
ល្ងាច

MO	TU	WE	TH	FR	SA	SU
1	2	3	4	5	6	7
8	9	10	11	12	13	14
15	16	17	18	19	20	21
22	23	24	25	26	27	28
29	30	31	1	2	3	4

jours ouvrables
ថ្ងៃធ្វើការ

MO	TU	WE	TH	FR	SA	SU
1	2	3	4	5	6	7
8	9	10	11	12	13	14
15	16	17	18	19	20	21
22	23	24	25	26	27	28
29	30	31	1	2	3	4

week-end
ចុងសប្តាហ៍

pluie
ទឹកភ្លៀងរៀង

arc-en-ciel
ឥន្ទធនូ

neige
ព្រិល

vent
ខ្យល់

printemps
និទាឃរដូវ

automne
រដូវស្លឹកឈើជ្រុះ

été
រដូវក្ដៅ

hiver
រដូវរងារ

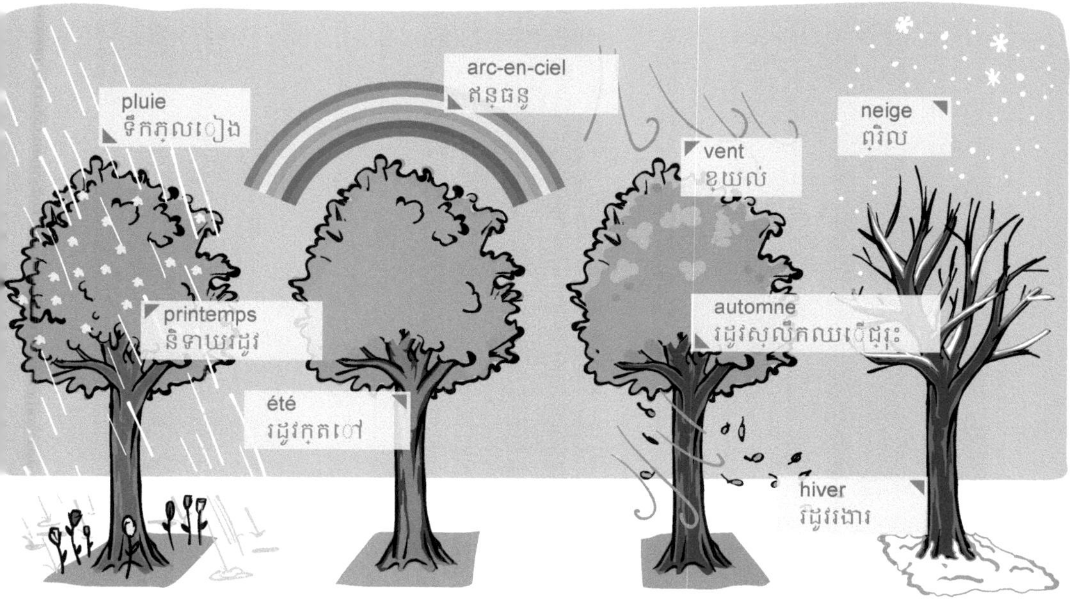

météo

ការព្យាករណ៍អាកាសធាតុ

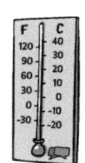

thermomètre

ទែម៉ូម៉ែត្រ

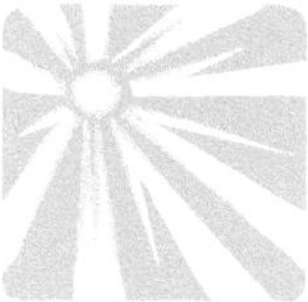

lumière du soleil

ពន្លឺចុងថ្ងៃ

nuage

ពពក

brouillard

អ័ព្ទ

humidité

សំណើម

foudre	tonnerre	tempête
ផ្លេកបន្ទោរ	ផ្គរ	ព្យុះ
	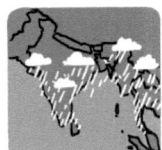	
grêle	mousson	inondation
ព្រិល	ខ្យល់មូសុង	ទឹកជំនន់

glace	janvier	février
ទឹកកក	ខែមករា	ខែកុម្ភៈ
		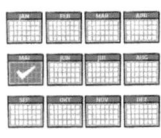
mars	avril	mai
ខែមីនា	ខែមេសា	ខែឧសភា
		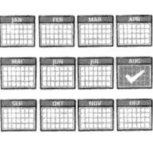
juin	juillet	août
ខែមិថុនា	ខែកក្កដា	ខែសីហា

année - ឆ្នាំ

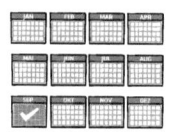

septembre

ខែកញ្ញា

octobre

ខែតុលា

novembre

ខែវិច្ឆិកា

décembre

ខែធ្នូ

formes

រាង

cercle

រង្វង់

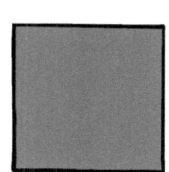

carré

ការ៉េ

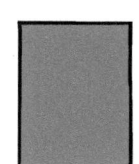

rectangle

ចតុកោណកែង

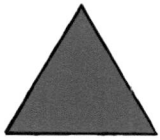

triangle

ត្រីកោណ

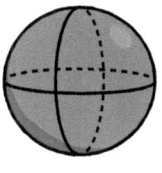

sphère

ស្វ៊ែរ

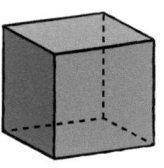

cube

គូប

blanc
ពណ៌ស

jaune
ពណ៌លឿង

orange
ពណ៌ទឹកក្រូច

rose
ពណ៌ផ្កាឈូក

rouge
ពណ៌ក្រហម

violet
ពណ៌ស្វាយ

bleu
ពណ៌ខៀវ

vert
ពណ៌បៃតង

marron
ពណ៌ទឹកក្រូច

gris
ពណ៌ប្រផេះ

noir
ពណ៌ខ្មៅ

beaucoup / peu

ច្រើន / តិចតួច

fâché / calme

ខឹង / គ្មរជាក់ចិត្ត

joli / laid

សួរស់ស្អាត / អាក្រក់

début / fin

ចាប់ផ្តើម / បញ្ចប់

grand / petit

ធំ / តូច

clair / obscure

ភ្លឺ / ងងឹត

frère / soeur

បងប្អូនប្រុស / បងប្អូនស្រី

propre / sale

ស្អាត / កខ្វក់

complet / incomplet

ពេញលេញ / មិនពេញលេញ

jour / nuit

ថ្ងៃ / យប់

mort / vivant

ស្លាប់ / នៅរស់

large / étroit

ធំទូលាយ / តូចចង្អៀត

comestible / incomestible

អាចបរិភោគបាន /
មិនអាចបរិភោគបាន

méchant / gentil

ចិត្តអាក្រក់ / ចិត្តល្អ

excité / ennuyé

ការរំភើប / អផ្សុក

gros / mince

ធាត់ / ស្គម

premier / dernier

ដំបូង / ចុងក្រោយ

ami / ennemi

មិត្តភក្តិ / សត្រូវ

plein / vide

ពេញ / ទទេ

dur / souple

រឹង / ទន់

lourd / léger

ធ្ងន់ / ស្រាល

faim / soif

ភាពអត់ឃ្លាន /
ការស្រេកទឹកឃ្លាន

malade / sain

ឈឺ / មានសុខភាពល្អ

illégal / légal

ខុសច្បាប់ / ត្រូវច្បាប់

intelligent / stupide

ឆ្លាតវៃ / ឆ្កួត

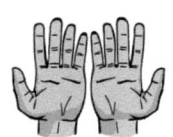

gauche / droite

ឆ្វេង / ស្តាំ

proche / loin

ជិត / ឆ្ងាយ

nouveau / usé

ថ្មី / ហានបុរេ៍

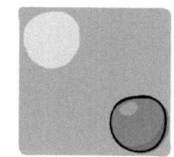

rien / quelque chose

គ្មានអ្វីសោះ / អ្វីមួយ

vieux / jeune

ចាស់ / ក្មេង

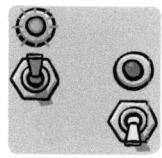

marche / arrê.

បើ្បក / បិទ

ouvert / fermé

បើ្បក / បិទ

faible / fort

សុងប់សុគាត់ / ពួខលាំង

riche / pauvre

មាន / ក្រ

correct / incorrect

ត្រូវ / ខុស

rugueux / lisse

គ្រេម / រលោង

triste / heureux

ពិហាកចិត្ត / សបុហាយចិត្ត

court / long

ខ្លី / វែង

lent / rapide

យ៉ែត / លឿន

mouillé / sec

សើម / សុងួត

chaud / froid

កុតៅ / ត្រជាក់

guerre / paix

សង្គ្រាម / សន្តិភាព

0

zéro

សូន្យ

1

un / une

មួយ

2

deux

ពីរ

3

trois

បី

4

quatre

បួន

5

cinq

ប្រាំ

6

six

ប្រាំមួយ

7

sept

ប្រាំពីរ

8

huit

ប្រាំបី

9

neuf

ប្រាំបួន

10

dix

ដប់

11

onze

ដប់មួយ

12

douze

ដប់ពីរ

13

treize

ដប់បី

14

quatorze

ដប់បួន

15

quinze

ដប់ប្រាំ

16

seize

ដប់ប្រាំមួយ

17

dix-sept

ដប់ប្រាំពីរ

18

dix-huit

ដប់ប្រាំបី

19

dix-neuf

ដប់ប្រាំបួន

20

vingt

ម្ភៃ

100

cent

រយ

1.000

mille

ពាន់

1.000.000

million

លាន

anglais
អង់គ្លុសសេ

anglais américain
អង់គ្លុសសេអាមេរិក

chinois mandarin
ចិនកុកង៉ី

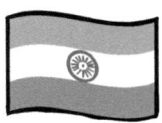

hindi
ហិណ្ឌូ

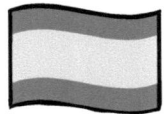

espagnol
អេស្បាញ

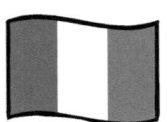

français
ហារាំង

arabe
អារ៉ាប់

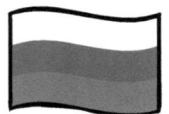

russe
រុស្ស៊ី

portugais
ព័រទុយហ្គាល់

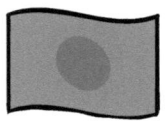

bengali
បង់ក្លាដេស

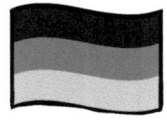

allemand
អាល្លឺម៉ង់

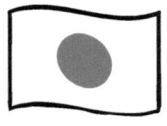

japonais
ជប៉ុន

je

ខ្ញុំ

tu

អ្នក

il / elle / ce, c', cela

គាត់ / នាង / វា

nous

យើង

vous

អ្នក

ils / elles

ពួកគេហាន

Qui ?

នរណា?

Quoi ?

អ្វី?

Comment ?

របៀបណា?

Où ?

កន្លែងណា?

Quand ?

ពេលណា?

nom

ឈ្មោះ

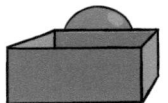

derrière

ពីក្រោយ

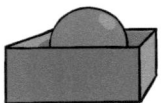

dans

ក្នុង

devant

ពីមុខ

au-dessus

ពីលើ

sur

នៅលើ

en-dessous

នៅក្រោម

à côté de

នៅក្បែរ

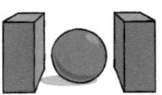

entre

រវាង

lieu

កន្លែង